I WANT
TO FALL
LIKE THIS

Rukhl Fishman (ca. 1955) in Kibbutz Bet Alfa, Israel.

אַזוי וויל איך פֿאַלן — I WANT TO FALL LIKE THIS

אָפּגעקליבענע לידער פֿון רחל פֿישמאַן

Selected Poems of Rukhl Fishman

Translated from the Yiddish by Seymour Levitan

With an Introduction by David G. Roskies

 Wayne State University Press
Detroit

Copyright © 1994 by Wayne State University Press,
Detroit, Michigan 48202. All rights are reserved.
No part of this book may be reproduced without formal permission.
Manufactured in the United States of America.
99 98 97 96 95 94   5 4 3 2 1

Library of Congress Cataloging-in-Publication Data

Fishman, Rukhl, 1935-1984.
    [Selections. English & Yiddish. 1994]
    I want to fall like this: selected poems of Rukhl Fishman /
translated from the Yiddish by Seymour Levitan; with an
introduction by David G. Roskies.
      p.   cm.
    English and Yiddish on facing pages.
    ISBN 0-8143-2541-6 (pbk.: alk. paper)
    1. Fishman, Rukhl, 1935-1984 – Translations into English.
I. Levitan, Seymour.   II. Title.
PJ5129.F534A25   1994
839'.0913 – dc20   94-18660

Special Acknowledgement: The publisher and the family of Rukhl Fishman gratefully
acknowledge the assistance of Chana Bloch, David G. Roskies, and Kathryn Hellerstein
during the preparation of this book.

„ ... ווען איציק מאַנגער האָט זיך געקליבן קיין ישׂראל, האָט ער געשריבן:

> כ'האָב זיך יאָרן געוואַלגערט אין דער פֿרעמד,
> איצט פֿאָר איך זיך וואַלגערן אין דער היים.

ער האָט גערעדט וועגן זײַן גורל און דעם גורל פֿון זײַן ליד. נאָר דאָס איז, אייגנטלעך, דער גורל פֿון דער ייִדישער שפּראַך אין ישׂראל. זי וואַלגערט זיך אין דער היים".

רחל פֿישמאַן, בײַם באַקומען די
„מאַנגער־פּרעמיע פֿאַר ייִדישער ליטעראַטור".
תּל־אָבֿיבֿ, ישׂראל
דעם 24סטן מײַ 1978 – י"ז אייר תּשל"ח

"... When Itsik Manger undertook to settle in Israel, he wrote:

> *For years I have been homeless among strangers.*
> *Now I go off to be homeless in my own home.*

He referred to his own fate and to the fate of his poetry. But that is virtually the fate of the Yiddish language in Israel. It is homeless in its own home."

Rukhl Fishman, upon receiving the
"Manger Prize for Yiddish Literature,"
Tel Aviv, Israel
May 24, 1978 – the 17th day of Iyar 5738

אינהאַלט

CONTENTS

INTRODUCTION

David G. Roskies

Rukhl Fishman was most emphatically a poet of the new. American born, she wrote in Yiddish, the language of her secular, activist upbringing. Emigrating at the age of nineteen to Israel, she settled on a kibbutz, the vanguard of the new state, and belonged for a time to a group that called itself *Yung-Yisroel* ("Young Israel"). At a point when a fully autonomous native-born literature was just emerging on the scene, Fishman staked her claim to Israel in a language that was considered by most to be not only non-Israeli but quite emphatically *anti*-Israeli. This was her singular, hard-won achievement. Her unique corpus of Israeli-Yiddish verse was to remain suspended in a permanent state of youthfulness, however. Fishman died on the selfsame kibbutz at the age of forty-nine.

Rukhl Fishman's poetry was new also insofar as it diverged from that of her illustrious forebears. Whereas I. J. Schwartz's *Kentucky*, with its lush natural landscape, was eagerly read in all the American Yiddish secular schools, Fishman's poems lacked Schwartz's sensual superabundance. Though her subjects, like Itzik Manger's, were drawn from the everyday, she did not transform the quotidian into magic and wonder. Though her language was modern, like Abraham Sutzkever's, it was spare in neologisms, and never did she use the language of paradox to probe metaphysical realities. It is even difficult, if not impossible, to place Fishman among the stellar group of Yiddish women poets. There is no erotic verse (Anna Margolin), nothing openly confessional (Celia Dropkin), nothing pseudo-Biblical (Malka Heifetz Tussman), no national elegies (Rokhl Korn), and nothing written for children (Kadia Molodowsky). Of Fishman's many poems about poetry, none laments the decline of Yiddish. In short, her poetry was Yiddish in form, but not necessarily, essentially, Yiddish in content.

Yet and still, no poet remakes herself out of whole cloth, especially one who chooses *not* to write in the language of her adoptive homeland but in the language she brought from home. Once before, when Rukhl left Philadelphia (her first home) with her parents to live in Los Angeles, the fourteen-year-old found a mentor in Yiddish modernist poet Malka Tussman, from whom she learned the craft of poetry. Hence Fishman's preference for free verse, the sine qua non of American Yiddish modernism. Hence Fishman's sparing use of rhyme, her ear for speech rhythms, and her delight in puns and wordplay. No matter that Los Angeles was off the beaten track. Since 1920, the leading Yiddish modernists Jacob Glatstein, Aaron Glantz-Leyeles, N. B. Minkov, and Mikhl Licht had preached the self-sufficiency of secular Yiddish culture, even as marginalized in America. They plied their poetic craft in little magazines called *In zikh* (In the Self), *Loglen* (Vessels), *Kern* (Germ), *1925*, *1926*, and reinvented themselves each time anew with personae the likes of Our Pierrot, Fabius Lind, Velvl Goth, and Figaro. If Yiddish poetry could thrive in this elite and rarefied atmosphere, it could thrive just as easily on a tiny kibbutz tucked away at the foot of Mount Gilboa.[1]

Thus it was that ten young poets and prose writers fresh off the boat from Europe, Australia, and Cypress convened in Meshek Yagur, in the autumn of 1951, to form a group called Yung-Yisroel. Because most of them were survivors, of one hell or another, and committed Zionists, of one stripe or another, they understandably tried to use Yiddish as a bridge across time and place. The landscape of Zion fairly cried out to them with Biblical-liturgical analogies. Rivka Bassman (b. 1925) heard God's voice from out of a pyre burning in the field, or engaged a branch in "prayerful discussion." H. Binyomin (b. 1928) discovered God's hand in the primeval rawness of the desert. Avrom Rinzler (b. 1923) refracted the reality of Israel through multiple prisms. "Terra Sancta," he apostrophized, "*rozhinkes mit Manger / iber ale dayne zamdn*, raisins and Manger/ over all your sands." Fishman (b. 1935), by far the youngest of these "youngsters," was therefore not entirely anomalous when she emigrated to Israel three years later, and her first book of poems, *Zun iber alts* (Sun Over Everything [1960]), would appear as No. 6 in Yung-Yisroel's publication series. The group's mentor, Abraham Sutzkever (b. 1913), took an especially keen interest in young Fishman's verse, which he carefully edited, usually sitting opposite her at his favorite Tel Aviv café. From start to untimely finish, however, Rukhl Fishman continued to write about the sun, thistles,

---

[1] For more on these relationships, see *With Teeth in the Earth: Selected Poems of Malka Heifetz Tussman*, edited and translated by Marcia Falk (Detroit: Wayne State University Press, 1992) and the poems of Malka Heifetz Tussman, translated by Kathryn Hellerstein, in *American Yiddish Poetry: A Bilingual Anthology*, edited by Benjamin and Barbara Harshav (Berkeley: University of California Press, 1986).

grasses, and goats of her beloved Bet Alfa as if she and Yiddish poetry were discovering them anew; as if the kibbutz were not a radical experiment in communitarian living but some kind of farm or village outside of space and time; as if writing in Yiddish were as natural as drinking the horrible black coffee that keeps kibbutzniks going morning, noon, and night.

How then can Rukhl Fishman be considered "Israeli"? Precisely because of the spareness of her language, the preoccupation with her own body, the pleasure she takes in the natural universe, even the livestock of her own kibbutz – all this without recourse to the Biblical past, to the "pure white goat" of Yiddish folksong, or to any other icon of national glory or calamitous loss. The past for her is yesterday, last night. The far-distant past is mummy and daddy, or in her case, *tate-mame*, left behind in the Old Country, here, ironically, America. Her poetry is self-sufficient because her life is self-contained because she is an almost-Sabra living at the beginning of a new historical reckoning.

Durkhgezunt, oysgezunt, opgezunt, and *ongezunt* – this string of invented participial adjectives, which pairs *di zun* (the sun) with its like-sounding corollary, *gezunt* (healthy), and then turns them both into active, human partners, marks Fishman's exuberant debut as a poet. Neither pagan sun worshipper nor pantheist, Fishman views nature's bounty – the earth, sun and moon – as the everlasting source of poetic inspiration. Fortunate is she who can receive their beneficence directly. Still more fortunate is she who can turn those gifts into song. And so the poet "laugh[s] and glitter[s] seething signals / back to the sun," making transitive her own repertoire of human response ("Sunned Through").

The poet within nature never lacks for companionship. "We were both a little overheated / today / the sun / and I." "In the heat of conversation / one hot day / the grapes / told me their dreams," dreams which in turn inform the birth pangs of poetry: "I'm dreaming a poem / but its shadow is humpbacked." The poet within nature never lacks for divine guidance. "In the beginning / was the sun." Where legend has it that there are 613 seeds in a pomegranate, the same as the number of rabbinically prescribed dos and proscribed don'ts, the poet is "full / not of good deeds / but of appetites." Here a pair of rhymes, reserved for the poem's finale, carries the weight of her delicious subversions. *Klayb ikh mit di peyres*, "I gather together with the fruit," rhymes with *TaRYaG zise aveyres*, "613 sweet sins," just as *freydn*, "joys," rhymes with *far undz beydn*, "for both of us."" The lovers' joy is ever so subtly enhanced by the knowledge that they are about to eat of forbidden fruit, compliments of Eve, who has arrogated the roles of Diviner and Provider to herself. To live unencumbered by the historical past and almost unclothed under the everpresent sun is to live in an earthly Eden. No poet of the Diaspora was ever so fortunate – if even for so short a time.

How quickly come the rains, however. Rukhl Fishman's next book of poems, published when she was thirty-one, begins with the sun ("Like Sun Burning on My Neck"), but draws its next analogy from another season of the year: "like the thistles after rain." Both hot sun and prickly thorns appear "sharp clean / unavoidable," like the writing of poems. *Thistles After Rain* (1966) is the work of a mature poet, preoccupied with the passage of time, with words that conceal as much as they reveal, that wound as much as they heal. Her keen observation of the "magnificent" thistles that appear after winter's end yields a parable about life and the life of poets in particular. Shorn of their glory by the "early birds" that "come and take / the purple fluff / to line their nests," the thistles remain "proud" and "untouchable.... Nothing soft in them."

> All summer long
> the heat
> bears them down.
> In pain
> they have only each other
> to prick.
> from "Our Springtime"

Like people. Like poets, who pride themselves so on their own creative powers, but are forced to use the very same words in the mean discourse of everyday life.

Returning to the subject of "Grapes," the older poet sees a new correspondence between herself and "a bunch of red grapes / a week before picking-time." Both are full of unrequited yearning for "more sun, more heat, more love!" (More Heat"). Not everything is vouchsafed by nature anymore. There are bitter disappointments, there are boundaries to contend with now, hence the pathos of the exquisite fifth poem in the cycle "Days and Nights":

> I want to fall like this:
> with open lips and arms and eyes.
> Down.
> Fall without saying why.
>
> Without saying why
> down
> with open lips and arms and eyes.
> Fall.
> I'll ask no one,
> talk to no one.
>
> Fools
> and flowers
> think
> I'm rain.

Underscoring the reiterative spell is a metrical scheme (in the Yiddish original) of strict amphibrachs (short-long-short), except for those strategic lines 8 and 14, each of which is missing a beat. The unusual, if not unique, use of metre; the repetition of *o* and *a* sounds; the symmetrical syntax – all this cuts in opposition to the poem's expressed meaning. It is a cry for inner freedom, spontaneity, self-abandonment; a manifest desire to live without external or internal constraints; to "fall" as naturally as if she were the rain.

Does one need to know the biographical particulars about Fishman's onset of fainting, falling, physical weakness, and the nine miscarriages she suffered during these years in order to get at the underlying pathos of this poem? Surely the tension between the poem's formal constraints and its manifest meaning is testimony enough. And notice how deftly she pulls away from herself at poem's end. When fall she does, "fools and flowers", i.e., both humanity and nature, misconstrue her action. "Poor thing," people say, "she thinks she's rain." "Look at her," the flowers marvel, "she thinks that with her open lips and arms and eyes she's giving us sustenance." And so the poem ends in a state of suspended animation: between the desire for loss of consciousness and ironic self-awareness; between a falling that affirms life and a premonition of death.

Without ever succumbing to self-pity or sentimentality, Fishman leads us, in *The Wild She-Goat* (1976), to a far more restrictive landscape. The rains are falling all the time now, keeping her mostly indoors, where she either shares "a bottle of well-aged paradox" with her male companion (her husband Theodore) or plies herself with yet another cup of coffee. Sunlight is likewise replaced by moonlight. Heavy rainboots stand waiting at the door. Alone with her memories, she is understandably preoccupied with the loss of memory, with the "lovely / memoryhorse / frisking / round and round" in her heart; with the "Little Tiger" leaping into her memory tree, while she herself swings "like a monkey / from one question mark / to another." At the same time as these exotic animals bespeak a rich internal landscape, they signify the poet's increasing isolation from the real world outside. Playfully, poignantly, she imagines herself a goldfish inside a tiny bowl ("At the Everlasting Barrier"). Yet the book takes its title from a different cycle of poems, dedicated to "My Wild She-Goat," the stubborn, bounding, kicking, irrepressible stand-in for the she-poet. Just try cooping *her* up for even an hour!

In the end, what resolves the tension between inside and out, stasis and movement, culture and nature, is the very act of writing poems. The discipline required steels the poet's resolve never to let the string on her fiddle snap, even if it emits only stammering and screeches. At that point, all historical labels (Israeli, Yiddish, Jewish) fall away and are rendered timeless.

Rukhl Fishman was a modern lyric poet who found within the confines of a secular kibbutz language and memory enough, love and natural beauty enough, to sustain and enrich her muse through all the seasons of the year. So much contained within so little. Like the land and the People of Israel. Like Yiddish. Like poetry itself.

זון

איבער

אַלץ

Sun

over

Everything

די זון און איך

מיר האָבן זיך היינט
איינער דעם אַנדערן
אויסגעמאָטערט —
די זון און איך.
מיר אַרבעטן ביידע
אין ווײַנגאָרטן.
פֿאַר נאַכט איז די זון
אַוועקגעפֿאַלן הינטערן באַרג,
רויט פֿון אָנשטרענג —
און איך, אַ פֿאַרפֿלאַמטע,
בין פֿאַרבליבן אַליין.

יאָ, מיר האָבן זיך היינט
אַ ביסל צעהיצט —
די זון
און איך.

1958

THE SUN AND I

We wore each other out today
the sun and I
working in the vineyard.
The sun dropped behind the mountain
exhausted, red,
and burning hot
I was left alone.

We were both
a little overheated
today,
the sun
and I.

1958

קוואַלן

מיט דעם געפֿערלעכן מוט
פֿון אַ שיכּור
רייצן זיך מײַנע גלידער
מיט דער זון:
„מיר רירן זיך ניט פֿון דאַנען,
ווײַל מיר פֿאַרמאָגן
קוואַלן שווייס
פֿון דיר ניט דערשפּירטע.
אונדז טוען נערן
קוואַלן שווייס
נאָך ניט אָנגערירטע".

מײַנע ברוינע הענט און פֿיס
זענען בראַוו און שיכּור,
און זיי רעדן פֿון היץ.

SPRINGS

With terrible
drunk-courage
my limbs taunt the sun:
"We won't stir from this spot.
We possess
springs of sweat
you don't suspect.
We're nourished
by untapped
springs of sweat."

My brown arms and legs
are nervy and drunk.
Their fever is speaking.

איך בין דורכגעזונט

איך בין דורכגעזונט
און אויסגעזונט
און אָפּגעזונט.
פֿראַל מיך אויף,
ווען פֿון מײַן אינעווייניק
אַרויסשיסן
דער הייסער זונקערן.
איך שלינג אײַן אַזוי פֿיל זון.
איך לאַך און גלי צוריק דער זון
זודיקע סיגנאַלן.
אַלע מײַנע ווינקלען אין דעם ליכט,
נאָר כ׳האָב ניט מורא.
אַן אָנגעזונטע
איז מיר אַלץ אײנס
צי איך שטראַל,
צי איך ווער באַשטראַלט!

SUNNED THROUGH

I've been sunned through
sunned by
sunned away.
Fling me open
and the hot sun kernel
will shoot out of me.
I swallow sun.
I laugh and glitter seething signals
back to the sun.
All my corners lit,
but I'm unafraid.
So sunned into
it's all the same
if I shine
or I'm shined on.

טרויבן

א

אין אַ הייסן בײַטאָג
בעת אַ הייסן שמועס,
האָבן טרויבן
מיר זייער טרוים פֿאַרטרויט –
זיי ווילן מען זאָל זיי קלײַבן.
אַ פשוטער טרויבן־פֿאַרלאַנג,
פֿון פשוטע פֿײַנע טרויבן.
זיי ווילן מען זאָל זיי וועלן.
און ניט זיי זאָלן פֿאַרשעמטע
אויפֿן ווײַנשטאָק הענגען בלײַבן.

הייסע טעג, עס ווערט אַלץ שפעטער
און אַ טרויבן־טרויער
שטומט אַרויס פֿון אַלע שורות.
טרייסט די זון דאָס טרויבנפֿאָלק.
(זי האָט שוין אַזוינס געזען!)
ווינקט צו זיי מיט הייסע ווּנקען.
רייטלען, רייטלען זיך די שוואַרצע טרויבן,
און די ווײַסע ווערן בלייכער, בלייכער.
דורכן נעפל פֿון די טרויבנטרערן
לײַכטן טרויבנאויגן מיט אַ שטילן ברען.

GRAPES

1

In the heat of conversation
one hot day
the grapes
told me their dream –
they want to be picked.
The simple demand
of fine and simple grapes.
They want us to want them,
and not leave them hanging on the vine,
shamed.

Hot days, time is passing,
and a silence
of grape sadness in the rows.
The sun comforts the grapepeople
(she's seen it all before!)
The hot sun speaks
and dark grapes redden
and light grows paler, paler.
Through a mist of grape tears,
grape eyes shining.

ב

אויב
פֿון קלײַבן שטומע, זוניקע טרויבן
ווערט מען שטום און פֿאַרזונט,
זאָלסטו ניט הייבן דײַן ברעם
אַז דו זעסט:
איך בין זוניק פֿאַרשטומט.

אויב
פֿון קלײַבן קלאָרע, זוניקע טרויבן
גלוסטן זיך ווערטער פֿון לויטערן לויטער,
זאָלסטו מיך טרייסטן אַז איך וויין.
איך חלום פֿון אַ ליד,
נאָר זײַן שאָטן האָט אַ הויקער.

אויב
פֿון קלײַבן זיסע, זוניקע טרויבן
גיסט זיך אין די אָדערן אַ פֿרייד,
זאָלסטו מיך לאָזן לאַכן.
אַזוי ווי מען לאָזט
אַ רעגן ווען ער רעגנט,
אַ שניי ווען ער שנייט.

2

If
picking the silent sunny grapes
leaves us sundazed, silent,
don't raise your eyebrow
when you see me sunned
to silence.

If
picking clear sunny grapes
leaves us lusting for words clear as clear,
comfort me when I cry,
I'm dreaming a poem
but its shadow is humpbacked.

If
joy pours into my veins
when I pick sweet sunny grapes,
let me laugh
the way we let rain come down
when it rains,
snow
when it snows.

אין אָנהייב

אין אָנהייב
איז געווען די זון.
ס'איז דער עמק –
אַ חן־גריבעלע
דער זונס.
אַלע מילגרוימען
זײַנען אירע בריסט.
און אַלע טרויבן –
אירע שפּיצפֿינגער.
די נעגל פֿון אירע פֿיס –
דערנער אין פֿעלד.
די ביינדלעך פֿון איר אויפֿגעהויבענער פֿויסט –
דער גלבוע.

אַז די זון
צעפֿלעכט אירע צעפּ,
און די שוואַרצע האָר גיבן זיך
אַ שפּרייט אויס אויפֿן קישן –
ווערט נאַכט.
נאָר מיר ווייסן:
איר ראָזעווער אויער,
וואָס רוקט זיך אַרויס
פֿון אונטערן צודעק –
דאָס איז דער באַגינען,
דער אָנהייב
ווידער.

28

IN THE BEGINNING

In the beginning
was the sun.
The valley
is the sun's dimple.
All pomegranates her breasts,
all grapes
her fingertips.
Her toenails,
thistles in the field.
The bones of her raised fist –
Mount Gilboa.

When the sun undoes her braids
and her black hair
spreads over her pillow,
night comes.
But we know –
her pink ear
pushing out of the covers
is dawn,
the beginning again.

דווקא ווען איך רײַט

דווקא ווען איך רײַט
אויף אונדזערע אײלבערטביימער,
פֿיל איך פֿעסט אונטער די פֿיס
דאָס פֿעלד.
טויזנט אויגן האָט אַ בוים
ווען מע קומט אים קלײַבן.
(די שווערע ווײַעס אַראָפּ.)
דווקא ווען עס לײַכטן מיר
אַלע טויזנט אויגן,
ווייס איך
אַז עס פֿעלן אַלץ
צו די טויזנט –
צוויי.

EVEN AS I RIDE

Even as I ride our olive trees
I know my feet are on solid ground.
A tree has a thousand eyes
at harvest time
(its heavy lashes lowered).
Even as all thousand
shine
I know
the full sum
still lacks
two.

אַפֿילו

אַפֿילו אַ וואָלקן
האָט ניט אַזוי פֿיל
דאָרשטיקע מײַלער
ווי איך.

אַפֿילו אַ וואָלקן
האָט ניט אַזעלכע
פֿײַכטע ווײַעס
ווי איך.

אַפֿילו אַ רעגן
צעקלאַפּט ניט מײַן חלום
אַזוי אין דער נאַכט
ווי דו.
אַפֿילו אַ רעגן.

יאָ, איך בין וואַך.

EVEN

Even a cloud
hasn't as many
thirsty mouths
as I have.

Even a cloud
hasn't
such moist lashes.

Even the rain
can't shatter my dreams
at night
as you do.
Even the rain.

Yes, I'm awake.

ווי אַ מילגרוים

איך בין פֿול –
ניט מיט מיצוות:
ווי אַ מילגרוים –
מיט אַפּעטיטן.
און אָט־אָט־אָט פּלאַצט
פֿון אונטער מײַן הויט
אַ רויט געלעכטער
אַרויס.

אַ בין
קען פֿון זשומען אַראָפּ
אויס קינאה:
אַלע קעמערלעך בײַ מיר אין האַרצן
זײַנען אָנגעגאָסן
מיט זאַפֿט, מיט ליכט –
געדיכט, געדיכט.
פֿריידן
שיכט אויף שיכט.
און איך מעסט זיי ניט מיט מאָסן,
און איך פֿרעג ניט קיין פֿאַרוואָסן.
גאָלע פֿריידן
דײַן געזיכט,
שיכט אויף שיכט.

טאָמער בלײַב איך אַזוי
נאָך איין מינוט,
פּראַלט אויף אַ פֿענצטער
אין מײַן בלוט –

FULL AS A POMEGRANATE

I'm full
not of good deeds
but of appetites,
full as a pomegranate,
and red laughter
is about to spurt
through my skin.

A bee
could lose its buzz
in sheer envy –
all the cells of my heart
brimming
with honey and light
thick, thick
joy
layer after layer.
And I won't measure
or count the treasure
of your face –
just joy
layer after layer.

If I stay this way
one more minute
a window in my blood
will fly open –

„גוט־מאָרגן״
וועל איך שרײַען.
איין איבעריקער טראָפּן זונגליק –
און די מילגרוימען האַלטן אויך ניט אויס.
סאַראַ רויטע צײַנער!
סאַראַ רויט אומגליק!

תּרי״ג זיסע עבֿירות,
תּרי״ג זאַפֿטיקע פֿריידן
קלײַב איך מיט די פּירות.
קלײַב איך –
פֿאַר אונדז ביידן.

בית־אלפא, סעפּטעמבער 1960

"Good morning,"
I'll shout.
One more drop of sunjoy
and the pomegranates will let go too.
What red teeth!
What red catastrophe!

613 sweet sins
613 lucious joys
for both of us
I gather
as I gather the fruit.

Bet-Alfa, September 1960

מאַמע, איך קען ניט אײַנשלאָפֿן

מאַמע,
איך קען ניט אײַנשלאָפֿן.
נעם דעק מיך גוט אײַן
מיטן וואָרט „היים".
איך קען, מאַמע, ניט אײַנשלאָפֿן.

טאַטע,
מיט פֿאַסיקער ערנסטקייט
האָסטו פֿאַר מײַנע קינדעריש שטומפּיקע פֿינגער
אַנטדעקט ווי אַזוי
די שיכבענדלעך פֿאַרבינדן.
ניט צו דערקענען איצטער מײַנע פֿיס.
איך יאָג זיך נאָך זיי אַ גאַנצן טאָג.

טאַטעניו־מאַמעניו –
דעם זומער
האָבן אין די היצן
אַלע מײַנע זיכערקייטן געציטערט.
וועמען האָב איך געזאָלט דערציילן
אויב ניט אײַך?
אַלעמען וואָלט איך דערציילט –
נאָר ניט אײַך.

1955

MOMMA, I CAN'T SLEEP

Mame,
I can't sleep.
Tuck me in
with the word *heym*.
I can't sleep, Momma.

Tate,
you were so serious
when you showed my stubby young fingers
how to tie my shoes.
You wouldn't recognize my feet now.
I chase them all day long.

Tatenyu, mamenyu
all my certainties wavered
in the heat
this summer.
Whom should I have told
if not you?
I'd have told everyone –
but not you.

1955

לידער צו מײַן געבורטסטאָג

אויף טרערן דאַרף מען דאָך אַ סיבה,
נאָר לאַכן
לאַכסטו אַליין.
אין דער פֿרי – ווײַל ס'איז פֿרימאָרגן,
אין אָוונט – ווײַל עס קומט די נאַכט.
אויף טרערן דאַרפֿסטו אָפּגעבן אַ חשבון.
(וואָס וויינסטו, וואָס וויינסטו, מײַן קינד?)
נאָר דײַן לאַכן מעג זײַן הפֿקר,
מעג זײַן הפֿקר ווי אַ ווינט.

POEMS FOR MY BIRTHDAY

You need a reason for tears,
but laughter
is your own.
In the morning – because it's morning.
In the evening – because night is coming.
Tears have to be explained
(Why are you crying, my child, why?)
But your laughter can be
unaccountable as wind.

*

האָסט גוטע לערער,
וועט נאָך אפֿשר זײַן פֿון דיר אַ לײַט.
כאָטש זיצסט ניט רוּיק אויף דײַן בענקל
און לאַכסט אָפֿט מאָל – ניט צו דער צײַט.

מעגלעך
האָסט שוין פֿריִער געוווּסט –
נאָר ס׳האָט ערשט דער גלבוע
דיך באמת אויסגעלערנט
שווײַגן.
דער גלבוע בײַ נאַכט.

אָטעמען שטודירט
האָסטו בײַ אַ פֿרילינגפֿעלד.
ביימער נאָך אַ רעגן
האָבן דיר געוויזן
ווי מען טרייסלט אָפּ די טרערן.
לאַנג, אוי לאַנג צוריק,
איך געדענק שוין ניט –
צי דער ים,
דער ערשטער שניי,
צי גאָר אַ זונפֿאַרגאַנג
האָט עס פֿון דער ווײַטנס אָנגעקוועלט
ווען דו האָסט די ערשטע חלום־טריט געשטעלט.

אפֿשר וועט נאָך זײַן פֿון דיר אַ לײַט!

1958

*

You have good teachers
You may yet
amount to something
though you never sit still
and often laugh out of turn.

You thought
you knew
but it was really Mount Gilboa
that taught you
to be silent.
Gilboa at night.

Fields in spring
taught you how to breathe.
Trees after rain
showed you how to shake off tears.
And long oh long ago
sea
or snow
or far-off sunset
filled with joy
when you took your first dreamsteps.

You may yet amount to something!

1958

דערנער

נאָכן

רעגן

Thistles

after

Rain

ווי זון אויף אָנגעהיצטן נאַקן

ווי זון אויף אָנגעהיצטן נאַקן,
ווי דערנער נאָכן רעגן,
שאַרף און ריין,
ניט אויסצומײַדן –
קומען לידער אָן.

LIKE SUN BURNING ON MY NECK

Like sun burning on my neck
like the thistles after rain
sharp clean
unavoidable –
the poems come.

אויף דער שיף

אַלע בליקן
הוידען זיך מיט דער לבֿנה.
שרעק און פּלענער
הייבן זיך –
און פֿאַלן.

עס בלייכט אויף מײַן שטערן
אַ זאַלצענער צייכן:
כ׳האָב אַ ניט־געבוירענעם
פֿאַרשטויסן.

דער ים האָט זײַן אייגענעם
זאַלציקן הימל.
אַ הימל אָן שולד.
דער דנאָ – אָן רחמנות.

אַלע זינענס און אומזינענס,
אַלע מע־טאָר־ניטן,
הייבן זיך –
און פֿאַלן.

בליקן. ווערטער. ציין.

ON THE SHIP

All eyes
swing with the moon.
Plans and fright
rise
and fall.

A mark of salt
pales on my forehead.
I drove an unborn
child away.

The sea has a salty sky of its own.
A sky without guilt.
Its bottom, pitiless.

All senses and nonsenses,
all thou-shalt-nots
rise
and fall.

Eyes. Words. Teeth.

*

אין די העלסטע מינוטן
אָטעם איך קוים, קוים.
און מיט פֿאַרמאַכטע אויגן,
ווי בײַ פֿלי‍ִענדיקע פֿיש,
קום איך אַליין נענטער –
העכער.

פֿאַר וואָס איז פֿרייד אַזוי שטום?

אויף זילבערנע גליקזילבן,
ווי אויף שופּן פֿון פֿיש,
גליטשט זיך מײַן האַרץ.

*

In the brightest moments
I barely breathe.
With eyes shut
like flying fish
I come closer
higher.

Why is joy so silent?

On silver joysyllables
like scales of fish
my heart slides.

מעת־לעתן

א

שוין
אַדורך
און פֿאַרבײַ
אַזוי פֿיל
מידע שטומע מאָגערע
קאַראַוואַנען
די נאַכטיק־אָפֿענע
מידברס פֿון מײַן האַרץ.
קוים
אַ גלעקל אין זכּרון.
אַ שטערן פֿאַרשווינדט.
קלינג.
אומשולדיק־דאָז ווי באַשלוס
פֿרימאָרגן דער הימל
איבער ווילד־אָפֿענע שטרעקעס.

דאָך:
ס׳בלײַבן אויגן –
לאַסטפֿערד געניטע.
געפּענטעט בײַ פּלויטן־אוונט
פֿון ניכטערע היימען,
פֿון פֿעלדער פֿון פֿעטע,
פֿון פֿרייד – און פֿון טרערן.

DAYS AND NIGHTS

1

Through
and done
by now
so many
tired thin
voiceless caravans
the nightly-open
deserts of my heart.
Hardly
a bell in my memory.
A star vanishes.
A ringing.
Innocently pink as decision
the early morning sky
over wild and open stretches.

And yet
I still have eyes,
expert draughthorses,
tethered at the evening-fence
of sober homes,
fertile fields,
joy and tears.

ב

לויטער, גרינג, אויסגעצוואָגן,
לאָז איך זיך גרויס־לבֿנהדיק
דיר אַנטקעגן.
ערנסט און ערבֿ־יום־טובֿדיק.
איך לאַך ניט. איך לויף ניט.
טאָמער אַ טעות
אַ מעסער
אַ טרער
האָט דיך פֿאַרהאַלטן
באַהאַלטן פֿון מיר.

וואָלקנס באַגלייטן מיך.

2

My hair is washed
clear, easy.
I come to you like the full moon.
Serious, ready to celebrate
I don't laugh. I don't run
for fear an error
a knife
a tear
has held you
hidden you from me.

Clouds go with me.

ג

ווען דו קאָנסט מיך כאַפּן
מיט געטרייען וואָרט –
וואָלט אונדז ביידע קלאָרער געוואָרן.
נאָר אַז דײַן קומען
איז אַן אַוועקזײַן,
בלײַבן מיר צוזאַמען
די אומגעטרייקייט אַליין.
דײַנע ליפּן –
אַ מעסער
מיט אַ רעגן־בויגן.

און ווידער ווערט אַלץ הייס־פֿאַרוואָלקנט
און דו זוכסט מיך
מיט
די
ליפּן.

3

If you can catch me
with the right word
we'll both be clearer.
But your coming
is being away,
and so together we remain
imprecision itself.
Your lips –
a knife
with a rainbow.

And it all becomes hot and clouded again
and you look for me
with
    your
        lips.

ד

כ׳לויף
און האָב הנאה פֿון מײַן פֿלינקייט.
פֿון שײנעם װעג,
פֿון בליקן הייסע,
גוטע פֿרײַנד.
כ׳לויף.
און עס קריכן נאָך די יאָרן.
לאַנגזאַם
פֿון איין שײדװעג צום צװייטן.
איך פֿאָרויס –
און זיי! העט ווײַט
מיר הינטערשטעליק.

ווי אַזוי זשע
האָט פּאַסירט
אַז היינט בײַ דער אַרבעט
בײַם בוים
(איך מוז אַלץ פּינקטלעך דערציילן),
בײַם שנײַדן אַ צוויַיג,
זאָל די זעג –
די זעג פֿון מײַן רעכטער האַנט צוגעהאַלטן –
אַ שפּרינג טאָן אויף דער לינקער
און מיט אירע זעגיקע ציין
דורך הויט
צו מײַן בלוט זיך דערטאַפּן.

ווען האָט די צײַט באַוויזן
מיך דעריאָגן –
איבעריאָגן?
די לויערט איצט אין יעדן ווינקל
דאָ אַרומעט.

4

I run
and enjoy my quickness
the lovely road
hot glances
good friends.
I run
and the years crawl after
slowly
from one crossroad to the next.
I lead
and they follow
far behind.

Then how is it
today
at work
in the tree
(I have to tell it all precisely)
while cutting a branch,
the saw –
the saw held in my right hand –
sprang at the left
and with its saw-teeth
reached through the skin
to my blood.

When did time manage
to catch up
and pass me?
Now it lurks in every corner.

הײַנט האָבן די יאָרן
זייער ערשטן שפּור אין מיר אַרײַנגעשניטן.
די צײַט האָט מיך
בײַ דער האַנט אָנגעכאַפּט.
וואָס וויל זי?
צי ווייסט זי, אַז בײַ מיר
וועט זי קיין פֿונט חלום ניט קאָנען אָפּמאָנען
פֿאַר די גראָשן יאָרן?

The years
cut their first mark in me today.
Time caught me
by the hand.
What does it want?
Does it know
it can't demand a pound of dreams from me
for all the penny years?

ה

אַזוי וויל איך פֿאַלן:
מיט אָפֿענע ליפּן און אָרעמס און אויגן.
אַראָפּ־צו.
כ׳וועל פֿאַלן אָן חשבון.

אָן חשבון
אַראָפּ־צו
מיט אָפֿענע ליפּן און אָרעמס און אויגן.
פֿאַלן.
בײַ קיינעם ניט פֿרעגן,
מיט קיינעם ניט ריידן.

נאַראָנים
און בלומען
זיי מיינען:
איך בין דער רעגן.

5

I want to fall like this:
with open lips and arms and eyes.
Down.
Fall without saying why.

Without saying why
down
with open lips and arms and eyes.
Fall.
I'll ask no one,
talk to no one.

Fools
and flowers
think
I'm rain.

ו

איך אַ שעפּס
און דו
אַ מע.

עס וועט דאָ ניט העלפֿן קיין אײַזערנע קאָס.
לאָקן און לאָקן. אַ ים.
שפּאַצירן מיר בײַם ברעג:
איך אַ באָרוועסע
און דו
אָן זאָקן.

עס וועט דאָ ניט העלפֿן קיין קאָס.
לאָקן
איבער די אויערן.
ליגן מיר אויפֿן זאַמד:
איך אַ נאַקעטע
און דו
אָן אַ העמד.

כ'האָב אין אַ חלום דערזען מײַן לעבן.
אַ פֿולע קרוג. אַ פּאַנאָראַמע.
ערשט די זון,
דער ים,
און אַ לאָקן־פּלאָנטער –
וואָסערפֿאַלן אַריבער
איך אויף יענער זײַט ראָס.

נאַרישע קאָס!

6

I'm a sheep
and you're
a baa.

An iron comb won't help.
Curls and curls. A sea.
We walk together on the shore.
I'm barefoot,
you
without socks.

A comb won't help.
Curls
over our ears.
We lie in the sand.
I'm naked,
you
with no shirt.

I saw my life in a dream.
A full jug. A panorama.
Sun
    and sea
        a tangle of curls –
          a waterfall
over the other side of the frame.

Hopeless comb!

ז

אַזוי ווי דו, קעצל,
ליגט דער באַרג הײנט פֿרי.
אויסגעשפּרייט
אין דער זון.
ס'איז אים וואַרעם און ווייך.
פֿון די טיפֿענישן
מורקעט עפּעס אַזוי ברוסטיק אַרויס
פֿון אײַך ביידן.
אַ באַרג וואַרעמט זיך אויף דער זון
מיט פֿאַרזשמורעטע אויגן
און וואַכע אויערן.
ברומט, פֿאַרברומט אינזיך.
קוקט זיך גוט צו –
ווערט איר אַפֿילו זען
ווי אַזוי ער ציט אַרויס און אַרײַן
די נעגל (פֿון גרויס ווילטאַג)
ווען איך גיי פֿאַרבײַ.
אַזוי ווי דו, קעצל,
אַזוי ווי דו.

7

Like you, kitten,
the mountain
is stretching
in the sun
feeling warm and soft.
A chesty rumble
deep inside you both.
A mountain warms itself in the sun
with narrowed eyes
and wakeful ears,
purring, purring away within.
Look carefully,
you'll even see it
draw its claws in and out
(in sheer well-being)
when I pass by.
Like you, kitten,
like you.

ח

טעג און נעכט.
און ווידער טאָג
און ווידער נאַכט.

נאָר אַנדערש גייט די זון אויף
אונטער מײַנע הענט,
און אַנדערש לעשט זי זיך
אין דיר, אין שיינער טרער.

אַנדערשער קאָן ניט זײַן.

ערשט ווען עס שנײַדט דער עלנט
פֿון אונדז ביידע שטיקער בענקשאַפֿט,
ווערן מיר ענלעך.

און ווידער טאָג און ווידער נאַכט.
איך וויל זיך מיט דיר ניט געזעגענען.

8

Days and nights
And day
and night again

So different
the sun rising under my hands
and different
extinguishing itself
in you, in your lovely tear.

It couldn't be more different.

We aren't alike
till loneliness
cuts bits of longing from us both.

And day and night again
I don't want to say good-bye.

ט

גוטע לידער שרײַבט מען ביז עלף אַ זייגער.
לידער
שרײַבט מען
ביז מע וואַכט אײַן.
אַז מע וואַכט אויף,
נעמט מען די גוטע לידער
און אָדער מע צערײַסט זיי פּאַסיקלעך, פּאַסיקלעך
און קעסטעלעך, קעסטעלעך –
אָדער מע סקראַמטשעט זיי צונויף אין פֿויסט
פּילקעלעך, פּילקעלעך.
און (להבֿדיל) די לידער
הייבט מען אויף
און מע ווישט אָפּ פֿון זיי די סלינע
און מע גייט זוכן אַ פֿרײַנד
אים זיי ווײַזן.
און אויב דו האָסט צוויי פֿרײַנד
גייסטו, גליקלעכער, זוכן
די צוויי פֿרײַנד
זיי זיי צו ווײַזן.

9

Good poems are written till eleven.
Poems
are written
till you wake.
When you wake
take the good poems
and tear them into strips,
and into squares,
or crumple them up
into little balls.
But
the poems,
pick them up,
wipe the saliva off them,
find a friend
and show them.
Even better
if you have two friends,
find them both
and show your poems to them.

י

די לבֿנה הייבט זיך אויף פֿון מיזרח.
שווער מיט זיך, מיט זינד.
מאַראַנצן־רויט
רײַסט זי זיך אַריבער ביימער.
וואָס העכער – אַלץ געלער.
און אין אַ שעה אַרום
וועט זי אַ בלייכע, ווײַסע
לייקענען אַלץ.

פֿרעגט איר ניט
ווו זי האָט זיך געוואַלגערט אַ גאַנצן טאָג.
די שטייט אויף אין אָוונט
און עס פֿלאַמט מיט איר
אַ גאַנצער האָריזאָנט.

10

The moon comes up in the east
heavy with self,
with sin.
Orange-red
she tears over the trees.
Yellow as she gets higher.
And in an hour
pale, white
she'll deny everything.

Don't ask her
where she spent the day.
She rises in the evening
and the whole horizon
flames with her.

יא

איך וויל אַזוי שלאָפֿן.
פֿאַרגעסן אין זיך,
אין דיר, אינעם אמת.
אויפֿשטיין מיט אַנדערע אויגן,
מיט אַנדערע האָר.
אָן ביכער, פּאַפּירן מײַן טיש.

איך וויל אַזוי שלאָפֿן
אויפֿן בויך. די הענט אַרום קישן.
דערמאָנען זיך פּינקטלעך
ווי איך
און דו
און דער פֿרילינג
האָבן זיך אויף איין טשוואָק
אויפֿגעהאַנגען.
און עמעצער האָט געוויינט
און עמעצער האָט געלאַכט,
און דער אמת האָט זיך געמיט
כאָטש דער פֿרילינג
זאָל פֿון טשוואָק אַראָפּ.

11

I so want to sleep.
To forget myself
and you
and the truth.
To get up with different eyes,
different hair.
Without books or papers on my table.

I so want to sleep
on my belly. With my arms around the pillow.
And remind myself exactly
how you
and I
and spring
hung ourselves up
on the same nail.
And someone cried,
and someone laughed,
and the truth tried
at least to get spring
off the nail.

יב

אַ מאָל אין דער נאַכט
קלאַפּט אָן אין איער,
אין צאַרטן אינווייניק פֿון ליד,
אין פֿאַרהוילענע לאַבירינטן,
קלאַפּט און טאַפּט
שיִער ניט ערנסט, דערוואַקסן –
אַ גרויס־מאָטיוו.
גרויס הונגער.
גרויס באַגער.

אַ מאָל אין דער נאַכט
און אַ מאָל אין סאַמען גלי פֿון טאָג
שטויס איך זיך אָן אינעם קוק
פֿון אַן אָפֿן אויג.
אַ לאַכנדיק אויג.
דעם אמת זוכט ער.

ס'קומען מה־טובֿ־מאָטיוון,
און מאָגערע מײַז,
מעלאָדיעס שטילע.
ס'ברענגט יעדערער זײַן משוגעת,
יעדער זײַן אייגנס...

אַ צו בלויער הימל
און אַ צו פֿריִער פֿרילינג
האָבן מיט זאַלץ און זון
אַרײַנטאַטויִרט אין מיר
זייער ריטעם, זייער ווונד.
ווילדער טאָם־טאָם:
שיִער ניט ערנסט, פֿאַרשעמט –
כ'האָב אין דיר
דערקענט
מײַן אייגן משוגעת.

12

Sometimes at night
tapping in my ear
at the tender inside of a poem,
in a hidden maze,
tapping and groping,
nearly in earnest, grown-up –
a great theme.
Great hunger.
Great desire.

Sometimes at night
sometimes in the clear light of day
I stumble on the look
of an open eye
a laughing eye
searching for truth.

And goodly themes come,
and thin mice,
quiet melodies.
Each with its own madness,
each its own.

A sky too blue
and a spring too soon
tattooed their rhythm, their wound
into me
with salt and sun.
Wild tom-tom:
nearly in earnest, shy –
I recognized
my madness
in you.

בײַ אונדז דער פֿרילינג

בײַ אונדז
דער פֿרילינג –
אַ פּאָר טיפֿע אָטעמס.
גרין
און גאָלד
און האָניק.
אַ נאָגעניש.
אַ מאָנעניש.
אין איין באַק פּאַטשט אַ מבול גרינע רעגנס,
אין דער צווייטער פּאַרעט בלוי און זון.
אַ קאַפּריז
אַ נס
אַ רעגן־בויגן:
פֿרילינג.

OUR SPRINGTIME

Our
springtime –
a few deep breaths.
Green
and gold
and honey.
Something that draws at you,
calls.
A flood of green rain slaps at one cheek,
blue and sun steaming at the other.
A will of its own
a miracle
a rainbow:
spring.

*

מיט שטרענגער האַנט
און צאַרטע פֿינגער
שטייען מיר בײַם ווײַנשטאָק.
ער האָט זיך שוין פֿאַרקלעטערט ווײַט
און פֿאַכעט ווילד
מיט קרײַזלעך פֿינגער.
אײַנקניפּן וויל ער זיך
אין הימל.
אין דער פֿעסטער בלויקייט.
מיט שטרענגער האַנט
און צאַרטע פֿינגער
גיבן מיר אים צו פֿאַרשטיין.

און ווידער בין איך אָנגעבלעטערט גרין
פֿון אַלע זײַטן.
און ווידער בענק איך גרין
נאָך בלויע תּהומען.
און ווידער קריך איך
וווּ מען דאַרף מיך ניט.
צאַרט,
צאַרט בעט איך בײַ אײַך:
גיט מיר צו פֿאַרשטיין.

*

With a strict hand
and gentle fingers
we stand at the grapevine.
It's climbed far,
curly fingers
wildly waving,
trying for a pinchhold
in the sky,
in the firm blue.
With a strict hand
and gentle fingers
we let it know what it's all about.

And my green leaves
are all around me again,
my green longing
for blue deeps again,
as I clamber up
where I'm not wanted.
Gently,
gently I beg of you –
let me know what it's all about.

*

צעביסן אין איינעם די ליפּ
און דאָס ליד.
אַזוי דין – הויט.
לעכערלעך שוואַך די צאַמען
וואָס לאָזן
דעם אמת ניט צו.

אַז דו וועסט עלטער ווערן
זאָלסטו וויסן אַן אונטערשיד
פֿון דעם ים
מיט אַ מבול דערקוויקן,
ביז אַ שׂרפֿה אין פֿלאַמען
דערשטיקן.

אוי מאַמע

*

I bit my lip
and my poem
at the same moment.
Skin is so thin.
Laughable the weak barriers
that keep
the truth away.

When you grow up
know the difference
between the flooding sea
that woke the life in you
and raging flames
that choke.

Oy mame
Oh Momma

*

נאָך אַזאַ ווינטער
זײַנען פּרעכטיק
די דערנער.
געזונט, זאַפֿטיק
שטייען זיי גרייט צום שטעכן.
מיט אַ באַזונדערער הנאה טוען זיי דאָס.
נאָר די קעפּ זייערע
פֿון ווייכסטן זײַד,
פֿון פּורפּלען.
די קעפּ באַווײַזן ניט
ווײַס ווערן.
פֿלײַסיקע פֿייגל פֿעדערן זיך
מיט פּורפּלנעם פּוך
די נעסטן אויסבעטן.

דערנער
שטאָלצע
בלײַבן ניט־צורירלעך.
קיין סימן ווייכקייט. די היצן
וועלן אַ גאַנצן זומער
אויף זיי הענגען.
צעווייטיקטע
וועלן זיי איינעם דעם אַנדערן
שטעכן — שטעכן.

*

After a winter like this
the thistles
are magnificent,
full of healthy juices,
ready to prick
(with particular pleasure).
Only their heads
are a soft silky
purple.
But they never manage
to turn white;
early birds come and take
the purple fluff
to line their nests.

The proud
untouchable
thistles.
Nothing soft in them.
All summer long
the heat
bears them down.
In pain,
they have only each other
to prick.

בײַם פֿוס פֿון בוים

אַ הויפֿן פֿעדערלעך צעשיט בײַם פֿוס פֿון בוים
און לעבן זיי דאָס קערפּערל
פֿאַרטריקנט הויל.
אין ברוסט אַ לאָך.
ניטאָ דאָס הערצעלע.
פֿון שׂונא אויסגעפּיקט.

פֿעדערן, פֿעדערן, צעפֿליקטע פּאַפּירן.
איצט ליגן זיי רויִק די לידער, אַ הויפֿן.
איך –
מער אידיאָט ווי מערדער, שטיי
מיט לאַנגע אָרעמס און שווערע הענט.

פֿייגעלעך קינדער!
אַזוי איז עס שוין:
אָן אַ האַרץ –
קאָן אַפֿילו אַ ליד ניט אויסשטיין
זײַן אייגענעם בעסטן שׂונא.

AT THE FOOT OF THE TREE

Feathers scattered under the tree
a body by them
bare and dry,
a hole in its breast.
Its heart is gone.
Pecked out by its enemy.

Feathers, feathers, shredded papers.
There they lie, the poems, in a heap.
And I
more idiot than murderer
stand here
long-armed and heavy-handed.

Children! Little birds!
That's the way it is:
without a heart
even a poem can't withstand
its own closest enemy.

*

נאָך אַזאַ נאַענטקייט
זײַנען מיר אויך פֿאַר דער טיר
געבליבן שטיין
האַלדז אויף נאַקן.
אַזוי שטייען שעהען לאַנג
אײזלען פֿאַרליבטע
מיט שיינע אויגן
און זײַדענע נעז.
ביז אַ ניט־גלייביקער
פֿאַרטרײַבט זיי
מיט שטיין און שטיוול.

אַן אָפֿענער הימל
האָט ניכטער צוגעזען
אונדזער צעגיין זיך.
נאָר ער ווייסט צי האָסט געהויבן דײַן האַנט:
אַ גוטן...

*

After being so close
we too stand in the doorway,
neck on neck.
Donkeys in love,
with lovely eyes
and silky noses
stand that way for hours,
till an unbeliever
drives them away
with kicks and stones.

An open sky
soberly saw us
go our separate ways.
Only it knows if you raised your hand:
good-bye...

*

פֿאָלג מיך – און שווײַג.
וועסט ניט דעררײדן.
זע ווי גוט זײ האָבן דיר געענטפֿערט –
מײַנע צוויי פֿינגער
און דײַן לינקע באַק.

העלף מיר – איך זוך
די ביינער די דאַרע
פֿון אייגענע ווערטער,
זיך אין זײ אַרײַנצושווײַגן.
דערנאָך וועלן שפּריצן ענטפֿערס,
לידער.

קוש מיך – איך וויל
אויסשווײַגן מיט דיר
דעם גאַנצן אמת.
זע ווי גוט זײ האָבן אונדז פֿאַרשטאַנען –
מײַנע צוויי פֿינגער
און דײַן לינקע באַק.

*

Listen to me. Don't speak.
There are no words for it.
See how well they answered you –
my two fingers
and your left cheek.

Help me to look for
the meagre bones
of my own words
so I can silence myself in them.
Answers will sprout,
poems.

Kiss me. I want to
silence the whole truth through
with you.
See how well they understood us –
my two fingers
and your left cheek.

*

דאָ,
בײַם פֿוס פֿון בוים,
מײַן אויסגעשטרעקטע האַנט
צו יענע טעג און נעכט
וואָס האַלטן מיך
פֿאַרקלעמט
אין זייער דלאָניע.

אַזוי ווי מילך – אַ הויכע גלאָז,
אַ ניט־געשריבן ליד,
אַ ווילדן אמת –
ס'האַלט מיך עמעץ פֿעסט
מיטביידע הענט.
און איך ווייס ניט:
צי רחמנות בעטן –
צי דעם גורל דאַנקען, דאַנקען.

בײַם פֿוס פֿון בוים
מײַן אויסגעשטרעקטער חלום
צו יענע טעג
און נעכט.
איך וואַרט אויף זיי
מיט פֿולע אויגן
בלומען.

*

Here
at the foot of the tree
my outstretched arm
to those days and nights
that hold me
tight
in their palm.

Like milk in a tall glass,
an unwritten poem,
a wild truth –
someone holds me fast
with both hands.
And I don't know
whether to beg for mercy
or to thank my fate, to thank it.

At the foot of the tree
an outstretched dream
to those days
and nights.
I wait for them,
my eyes
all flowers.

מײַנע לידער נידערן ווי שנייען

מײַנע לידער נידערן ווי שנייען.
ס'איז מײַן האַרץ שוין אײַזיק־פֿול
און שטיל.
גרין
שוימען די בערג
פֿון זײַן בלויען שמייכל.

גיכער.
איצט די גוטע צײַט.
איצט אַ בלויע אַזערע אין האַרצן.

טאָמער ווער איך בלינד?
טאָמער ברוינע בלאָטע־פֿלעקן?
טאָמער וועלן נײַקייטן ניט נידערן
מיט אַ שוימיק־גרינעם הירזשען?

MY POEMS FALL LIKE SNOW

My poems fall like snow.
My heart is full, cold as ice,
still.
Green
foaming on the shores
of its blue smile.

Quicker.
Now is the right time.
Now a blue lake in my heart.

What if I go blind?
What if there are brown smears of mud?
What if the newness refuses to descend
with a foamy-green neighing?

*

מײַנע בלוטן שמעלצן זיך ווי שנייען.
ס'איז איין האַרץ
צו קליין.
ווי אַ ווילדער ליגן,
ווי אַ בייזער וויץ –
האָב איך זיך פֿאַרפֿלייצט מיט אמת.
שוואַך און טרוקן
זוכן
מײַנע וויסנס און געוויסנס
מיך אַרום.

פֿאַרגעסענע פֿרײַנד וועלן הײַנט פֿון מיר חלומען.
אומרויִק צינדן זיך ליכט.

*

My passions melt like snow.
One heart
is too small.
Like a wild lie
an angry joke
I flood myself with truth.
Weak and dry
common sense and conscience
are looking
for me.

Today forgotten friends will dream about me.
Lights go on restlessly.

*

אָבערגלויבנס טאַפּן מיך בײַם האַרצן
און אַנטלויפֿן
חסר־דעה.
פֿערפֿעקטע טרערן,
גרינע לאָקן
גוסטן אונטער די פֿיס.
מײַנע פּולסן און אימפּולסן
הירזשען הייס.

לאָזט דורך! לאָזט צו!

עס בלויט בײַ מיר
אַן אַזערע, אַן אמתע, אין האַרצן.

*

Superstitions tag my heart and run
insanely.
Perfect tears
green curls
dying at my feet,
pulse and impulse
neighing wildly.

Let us through! Let us in!

A lake, a true lake
of blue in my heart.

איצט ביסטו שטילער

אָ ציפּעלע, וואָס ווייסטו?
אַן עפּעלע? דאָס מיינסטו?
(מ. בראָדערזאָן)

איצט ביסטו שטילער
פֿון מיר. און שטומער.
איצט ביסטו גאַנצער פֿון מיר.
עס וואַקסט אין מיר דײַן בליק
און קאָן זיך ניט דערשלאָגן
צו טרער,
צו תּיקון.
פֿון דער טרייסט,
אַ פֿאַרוועלקטע רויז,
פֿאַלן אָפּ אַלע בלעטלעך,
אַלע ווייכקייטן.
איצט ביסטו ווײַטער פֿון מיר
ווי איך צו דיר.
און איצט זײַנען מיר ביידע אַליין.

שלאָפֿסט בעסער פֿון מיר.

וואָס־זשע צינד איך ווײַטער
אין פֿענצטער דאָס לעמפּל?
פֿאַר וועמען?

NOW YOU ARE QUIETER

O tsipele, vos veynstu?
An epele? Dos meynstu?
(M. Broderzon)

Now you are quieter
than I. And more silent.
Now you are more whole.
Your look keens in me
and can't break through
to tears,
to *tikkun*.
Comfort
is a wilted rose,
all the petals fall,
all softness.
Now you are farther from me
than I am from you.
And now we're both alone.

You sleep better than I do.

Then why do I still light
the lamp in the window?
For whom?

*

אַ גאַנץ האַרץ טרוקן
און אין צימער
בלומען.
איך זיץ אויף מײַן שוועל
און ווער אַלט.

האָסט ניט פֿאַרטראָגן קעלט.

כ׳בין נאַקעט און ציטער
פֿאַרן ווינט
ווי פֿאַר זכּרון.

וווּ נעמען אָטעם?
אויף בלומען
אויף זונען
יאָרן
זכּרון.

אַ גאַנץ האַרץ

אויף מײַן שוועל

קאַלט

*

My whole heart – dry,
and flowers
in the room.
I sit in the doorway
growing old.

You couldn't stand the cold.

I'm naked, shivering
in the wind
as in the winds of memory.

Where to find breath?
For flowers
for suns
years
memories.

My whole heart

in the doorway

cold

*

איך בין פֿרי אַוועק פֿון הויז.

צו פֿיל ליבע,
צו פֿיל שטאָלץ,
צו פֿיל טרויער,
אויגן, אויגן.
צו פֿיל פֿאָדער,
ייִדיש,
פֿרייד.

זעט נאָר!
ווי שיין דאָס קינד שטיפֿט.
ווי שיין דאָס קינד שרײַבט.
ווי שיין די קליינע לויפֿט פֿון אונדז אַוועק.

אַזוי פֿיל ליבע, אַזוי פֿיל שטאָלץ –
אַזוי פֿיל פֿאָדער אין די רייד –
כ׳האָב שוין צוגענוג און איבערפֿול
צו שרײַבן
און צו שטומען.

טאַטע.

ווו
איז אַהין
דײַן פּנים?

*

I left home early.

Too much love,
too much pride,
too much grief,
eyes, eyes.
Too much demand,
    Yiddish,
        joy.

Zet nor!
Vi sheyn
Look!
How wonderfully our daughter carries on!
How wonderfully our daughter writes!
How wonderfully the little one runs away from us.

So much love, so much pride
so much demand in what was said –
I have enough and more
to write
and to leave unsaid.

Tate.
Father.

Where
is your
face?

*

ס'איז פֿול מיט דיר די נאַכט
ווי מײַן פֿויסט איז מיט טרערן.

שווערער
ווי וויאַמאַל
זיצט אויף מיר
דײַן גלויבן
דײַן זיכערקייט
דײַן ליבע.

שווערער ווי ווענאַמאַל.

פֿאַרעקשנט
פֿלעג איך ברעכן קאָפּ אין וואַנט.
נאָר קיין וואַנט איז איצט מער ניטאָ.

ברוינאויגיק
ענלעך
בלינד
קוקן מיר זיך אָן.

ס'איז פֿול מיט דיר די נאַכט
ווי מײַן טרער מיט דײַן ליבע.

*

The night's as full of you
as my fist
of tears.

Heavier
than ever
your faith
your certainty
your love.

Heavier than it ever was.

Stubborn
I used to bang my head against the wall.
But there is no wall anymore.

Brown-eyed
alike
blind
we look at each other.

The night's as full of you
as my tears are
of your love.

הימל צווישן גראָזן

ווי האַרצקלעפּ
האָבן דונערס זיך געקײַקלט
באַרג־אַראָפּ.
הייזעריקע פֿייגל זיצן אויף דיביימער
ווי אַ לעצטע האָפֿענונג
און שווײַגן.
עס בליצט פֿאַרויס אַ שרעק –
סוף־וועלט! אַן עק!
דער הימל ליגט
באַהאַלטן צווישן גראָזן.

ביז בײַ דונערס געפֿאַנגענע
פֿאַרשפּאַרטע אין שווערע זעק,
שטילן זיך די בלוטן –
שמעקט שוין אַלץ מיט רעגן.

דער רעגן רויִק רעגנט.
עמעצן וויל ער אײַנרעדן:
„מיט גוטן. נאָר מיט גוטן".

שטיל דער באַרג.
פֿון איין זײַט מויל
רינט ברוין בלוט
צום טאָל אַראָפּ.

דער הימל צווישן גראָזן שטראַלט.
פֿאַרגעסן אַלץ. אויך די ריכטונג
פֿון גן־עדן.

HEAVEN IN THE GRASS

Thunder thudding downhill
like a pounding heart.
Hoarse birds huddle in the trees
like a last hope
soundless.
Fear flashed ahead.
End of the world! This is it!
Heaven's hiding
in the grass.

Till the thunder is tied up
in heavy sacks
and the blood is quieted
and everything smells of rain.

And the rain calmly rains
reassuring someone,
"I won't hurt. I'll never hurt you."

And the mountain's still.
Brown blood running
out the side of its mouth
to the valley below.

Heaven's shining in the grass.
Everything forgotten, even
the way to Eden.

דרײַ שאָטנס

דרײַ שאָטנס
קען איך:
דער באַרג אויף אונדזער עמק;
דײַן האַנט אויסגעשטרעקט
צו מיר;
אַ קינדס ווײַעס
איבער רונדער באַק אַראָפּגעלאָזט.

און אַ פֿערטער
און אַ פֿינפֿטער שאָטן,
וואָס איך זע איצט —
נאָר די שאָטנס פֿון זייער שאָטן.

THREE SHADOWS

I know
three shadows:
our valley's mountain,
your hand reaching out
to me,
a child's lashes
lowered on a round cheek.

And a fourth
and fifth shadow
I see now –
merely the shadows of their shadow.

מער היץ

אײן אַקסל עטוואָס העכער.
ליפּנס צעעפֿנט, פֿול.
דער רוקן רויט,
דער בויך – בלייכלעך, גרין.
גרייט, כּמעט רײַף,
בין איך גאָר צום מערסטנס ענלעך
אַ הענגל רויטע טרויבן –
אײן וואָך פֿאַר זייער קלײַבצײַט.

אײן וואָך פֿאַר זייער קלײַבצײַט
קאָן מען זיי גאָר ניט באַרויִקן.
זיי ווילן: מער זון, מער היץ, מער ליבע!
און טאָמער ניט, וועלן זיי –
סטראַשען זיי –
שוין קיין מאָל אויף גאָרניט טויגן.
נאָר זויער מיט אַנטוישונג,
און גרין פֿון צו לאַנג וואַרטן - - -

זיסע רויטע טרויבן:
סטראַשעט! פֿאָדערט!
אײן וואָך פֿאַר אײַער קלײַבצײַט
ניטאָ אַזאַ אַכזר
וואָס וועט אײַך ניט פֿאָלגן.

MORE HEAT

One shoulder high
full open lips
red back
and pale green belly,
ready, nearly ripe,
I'm really most of all like
a bunch of red grapes
a week before picking-time.

One week before picking
you can't quiet them.
They want more sun, more heat, more love!
Or else –
they threaten –
they'll be no good,
they'll be sour with disappointment,
green from all that waiting.

Sweet red grapes:
Threaten! Demand!
One week before picking-time
no one so cruel
to say you nay.

אוי גרויער סוף־זומערדיקער סאָד מײַנער

אוי גרויער סוף־זומערדיקער סאָד מײַנער.
וויפֿל בלעטער, וויפֿל איילבערטן,
וויפֿל גרין־זילבער
דו פֿאַרמאָגסט.
און אויף אַלץ
רויט שטויב – ווי די שכינה.

טאָג נאָך הייסן טאָג
רײַב איך זיך בײַ דײַנע זײַטן.
הויפֿנס
שטויב און פּרוכט און שווײַגן
נעם איך צו פֿאַר זיך.
די שכינה
בלײַבט אָבער דײַנע.

כ׳ווער מיד.
מיט צווייפֿל
מײַן פּנים פֿאַרשמירט.
מיט זומער.

סאָד!
לאָז מיך דאָ
אין דער שכינה־נאַכט
איך דאַרשט צום סוד פֿון רו
און גלויבן.

כ׳וועל דײַן וואַכן שלאָף ניט שטערן.
סוף־זומערדיקע ריינע שטויבן:
דעקט מיך צו –
ווי אַ נס
ווי אַ טוי
ווי די שכינה דיביימער.

OH MY GREY END-OF-SUMMER ORCHARD

Oh my grey end-of-summer orchard.
All your leaves and olives,
all your silver-green.
And dust
on everything,
like a gift of *shekhine* – innocence.

Hot day after day
I rub up against you
and take away
heaps
of dust and fruit and silence.
But the gift
stays with you.

I grow tired.
My face is
smeared with doubt.
With summer.

Orchard!
Let me stay here
in the *shekhine*-night
and drink the secret of rest
and faith.

I won't disturb your waking-sleep.
Pure end-of-summer dust
cover me
like a miracle,
like dew,
like the gift of *shekhine* – innocence
over the trees.

ווילדע

ציג

Wild

She-Goat

רינג נאָך רינג

א

איך קען וואַרטן.
איך ווייס גוט ווי מע טוט עס.
ווי מע וואַרט.
כ׳האָב דאָס אמתע געדולד
פֿון די תּמיד אומגעדולדיקע,
פֿון צעבאַלעוועטע מיזינקעס,
פֿון ערשטע בלעטער,
(ביז ווייטיק גרינע)
וואָס יאָווען זיך אויף צווײַגן
נאָך פֿאַר די לעצטע פֿרעסט.

ווער ציילט די שטערן,
די פּעטש, די אַנטוישונג, די שוואַרצע
(פֿון לעצטן פֿראָסט פֿאַרברענטע)
ערשטע בלעטער?

יאָ, איך קען וואַרטן.
אַפֿילו אויף זיך.

כ׳האָב דאָס געדולד
פֿון די געדולדיק־אומגעדולדיקע.

RING AFTER RING

1

I can wait.
I'm expert at it –
waiting.
I have the true patience
of the totally impatient,
of spoiled younger daughters,
of first leaves
(so green it hurts to see them)
stirring on branches
even before the last frost.

Who counts the obstacles?
The slap in the face, the disappointments, the early
leaves burnt black
by the last frost?

Yes, I can wait.
Even for myself.

I have the patience
of the patiently-impatient.

ב

און ווידער צווישן אונדז
אויפֿן טיש
אַ פֿלאַש מיט פּאַראַדאָקס.

און ווידער שטײַגט דײַן שטים
רינג נאָך רינג.

אין רינג נאָך רינג
נידערט אויג און בליק.

צווישן אונדז אויפֿן טיש –
נאָר אַ פֿלאַש אַלטער פּאַראַדאָקס.
און יעדער טרינקט אין אים אַרײַן
זײַן אייגן פּנים.
און יעדער טרינקט פֿון אים אַרויס
זײַן אייגענעם דאָרשט.

2

Once again a bottle
of paradox
on the table between us.

Your voice climbing again
ring after ring,

eye and glance descending
ring after ring.

Just a bottle of well-aged paradox
on the table between us.
Each one drinking his own face
into it,
drinking his own thirst
out of it.

ג

דאָס לעפּעלע זכּרון
האָט זיך מיר פֿון דער האַנט
אַרויסגעגליטשט –
און איך האַלט אין איין פֿאַרגעסן.
איך וווּנדער זיך שוין מער ניט.
אין אָנהייב
האָב איך זיך זייער געחידושט:
ווי אַזוי האָב איך דאָס געקענט פֿאַרגעסן!?
נאָר איצט
וווּנדער איך זיך שוין ניט.

איך האַלט אין איין פֿאַרגעסן
און כ׳בין ערשט בײַם אָנהייב.
נאָך דעם ווי כ׳וועל אַלץ פֿאַרגעסן
וועל איך אפֿשר וויסן
וואָס ס׳איז פֿון מיר פֿאַרבליבן.
וואָס ס׳איז פֿון מיר געוואָרן.

בית-אלפא, 1971

3

My spoonful of memory
slipped out of my hand.
I keep on forgetting.
I hardly notice anymore.
At the start
I was so shocked
How could I forget?
But now
I hardly notice.

I keep on forgetting
and I'm just at the start.
When I forget everything
I may find out
what's left of me,
what's become of me.

Bet-Alfa, 1971

בײַ דער אייביקער מחיצה

א

אומרויִק, נערוועז, שיין
הוליעט
דער פֿערד פֿון זכּרון
אַרום און אַרום מײַן האַרץ.

ער קען ניט אַריבער דעם צײַטפּלויט.

ווילד,
גרויסאויגיק,
לאָזט ער קיינעם ניט צו.

דערשראָקן,
מיט פֿאַרשוימטע ליפּן,
לאָז איך זיך ניט צו
צו זיך.

AT THE EVERLASTING BARRIER

1

Skittish, nervous, lovely
memoryhorse
frisking
round and round in my heart.

He can't leap the timefence.

Wild,
big-eyed,
he won't let anyone near him.

Scared,
with foaming lips,
I won't let myself
near me.

ב

כ׳טרינק צו פֿיל קאַווע.
כ׳ווייס עס.
און עס העלפֿט דאָך ניט.

אין ווינטער־פֿאַרנאַכטן
נעמט רעגענען־דעגענען.
טראָפּנס ווי פּעטש
קלאַפּן אין קאָפּ
מיט אַ טעמפּענעם דופֿק.
ס׳פֿאַרשווינדט דער אַרום –
און מיר טוט אַ פֿאַרפֿלייץ
אַן אויפֿברויז פֿון לאַווע.
איך שטיק זיך
געפֿאַנגען
אין אייגענעם חלום.
קאַווע?!

כ׳טרינק צו פֿיל.
און עס העלפֿט ניט.

זומער.
באַגינענס.
נאָך קלאָר, קיל
פֿאַרגלייבט דער הימל.
איך קעם זיך די האָר
און ווער אַלט.
פֿאַרשווונדן די גוטע פּאַווע.
די שיינע.
ניטאָ.

2

I drink too much coffee.
I know it.
And yet it doesn't help.

On winter evenings
it rains, it rains.
Slapping drops
thudding in my head
with a dull throb.
The world around vanishes
and I'm flooded
in a surge of lava.
Choking
trapped
in my own dream.
Coffee?!

I drink too much coffee
and it doesn't help.

Summer.
Dawns.
Clear and cool
a believing sky.
I comb my hair
and grow old.
The good peacock's vanished.
The lovely one –
gone.

ניט וויין. ניט קלאָג.
די אַרבעטשיך טו אָן.
עס וואַרט, דו נאַר,
אַ טאָג אויף דיר!
סאַראַ פֿאַרמעג:
עס וואַרט אַ קינד,
אַ פֿרײַנד,
אַ הימל.

נאָר –
טאָמער סע סטײַעט ניט שמייכל,
שׂכל, איך־דו־צוטרוי –
גרייט איך (מע זאָל עס ניט באַדאַרפֿן!)
אַ טעפעלע קאַווע
אונדז ביידן.

Don't cry or complain.
Put your work-shoes on.
You fool, a day
is waiting for you!
What wealth –
a child is waiting,
a friend,
a sky.

But if
just if
we run out of smile,
sense, I-Thou trust,
I have
a cup of coffee ready
(hoping we won't need it)
for us both.

ג

כ׳רעד אַלץ ווייניקער און ווייניקער.
כ׳האָב אַלץ זעלטענער וואָס צו זאָגן.
און שוין קוים פֿאַראַן
פֿאַר וועמען
מיט וועמען
צו שמועסן אַפֿילו.

אָבער די אויערן בײַ מיר
זײַנען געבליבן אַקטיוו...
זיי שפּיצן זיך.
זייערע לאַנגע, איט־גראהדיקע
אַנטענעס וויברירן.
אויערן אָפּטימיסטן!
זיי גלייבן אין ווערטערווערט.
אויערן, נאַיִוו און ראַז
מיינען: מע דאַרף נאָר קענען הערן.

פֿאַרקלערט
און פֿאַרהאָרכט
פֿאַרפֿײַף איך קוים־קוים
אַ פֿריילעך־טרויעריקס.

3

I speak less and less
I rarely have anything to say
and barely anyone
to be silent for
or with.

But my ears have stayed active,
alert.
Their long, perceiving-unperceived antennas
vibrate.
Optimistic ears!
They believe in words.
Naïve, pink ears
thinking all you need to do is hear.

Distracted
lost in listening
I whistle softly
something sadly-happy.

ד

אין קײַלעכדיקן, גלעזערנעם
װעלטקרוג
עפֿן איך און פֿאַרמאַך דאָס מױל
אַזױ װי אַלע.
און אַזױ װי אַלע האַלט איך
אין אײן אָנשטױסן מיט דער נאָז
די שפּיגל־לױכטיקע מחיצה
צום אױסגעבענקטן אַרױס.

גוט.
ביז װײטיק גוט
דאָס שטיפֿערישע שאַרן זיך
מיט שטאַרקן שמײַס פֿון יונגע פֿלוספֿעדערן
בײַ דער אײביקער מחיצה.

לופֿט־מיט־װאַסער־בלעזלעך
פּערלען זיך.
אַרױף און אַװעק.

עפֿן איך
און פֿאַרמאַך דאָס מױל
אַזױ װי אַלע.

איך באַװוּנדער די אײגענע בלעזעלעך.
װי שײן!
כ׳פֿאַרגעס
און גיב זיך פֿרײלעך אַ לאָז, אַ יאָג:
אַװעק, אַרױף, אַרױס!

און אַז אַ גאָלדנאַרעלע צעקלאַפּט
כסדר די נאָז –
איז װאָס?

אַפּריל 1972

4

In the round glass bowl
of the world
I open and close my mouth
like all the rest
and like all the rest
bump my nose
on the mirror-bright barrier
to a place I long for.

Good
painfully good
the playful brush
and strong thrust of young fins
against the everlasting barrier.

Air-and-water bubbles
rise like pearls
up and away.

I open
and close my mouth
like all the rest,

admiring my own bubbles.
Beautiful!
I forget
let go and joyfully rush
away, up, out!

If a goldfool keeps
bruising her nose,
so what?

April 1972

היט זיך

א

היט זיך
פֿאַר די טעג
ווען אַלץ טוט פֿאַלן.
דאָס לעפֿעלע פֿון קאַווע,
דער בלײַפֿעדער פֿון שרײַבטיש,
אַפֿילו
דײַן צאָנבערשטל פֿון פֿיסט אַרויס!
אוי היט זיך פֿאַר אַזעלכע טעג.

קינד.
דעמאָלט קען דאָך פֿאַלן
אַ געוויס וואָרט פֿון ליפּ,
אַ שלאָס.

אַ בליק,
אַ טרער.

און מער.

BEWARE

1

Beware of the days
when everything falls.
The spoon in your coffee
the pen on your desk
even
the toothbrush in your fist.
Oh beware of those days,

child,
days when a certain word
may fall from your lips,
a lock,

a look,
a tear

or more.

ב

צוטוליען זיך –
אַ וואָלקנדל
דעם באַרג אויף דער ריפּ –
צו דײַן שמייכל.
אין דײַן אמת
דײַן גוטן
פֿאַרקאָרטשעט
אַרײַנקלעמען זיך.

פֿאַרבלײַבן פֿון מיר
זאָל אַ פּאַסמע פֿון פֿײַכטקייט
אַ נעפּל פֿון גלויבן
דער אָנזאָג פֿון רעגן
וואָס אָט
אָט אָט אָט
וועט קומען וועט קומען
מיט גוטן.

וואָלט איך געקענט
כאָטש איין מאָל
אָן מורא צום גרונט,
צוטוליען זיך...

2

Pressing close –
a little cloud
on the mountain's rib –
to your smile.
Curled up
holding close
to your truth
your good.

So that
a streak of moisture
a mist of faith
a hope of rain is left of me
going to come, going to come
soon soon
any moment
for good.

If I could
press close
to the bottom of things
just once
without fear...

ג

ס׳ליגן נאָך בײַם בעט, אין שיסל
צעקנאַקטע יאָען מײַנע
ניינען דײַנע
און פֿאַרקערט.
אַ געל שיסל איבערפֿול מיט שאָלעכץ.

פּאַמעלעך,
פֿאָרזיכטיק,
מיט נערוועזע אויערן,
קומען צוויי מײַזעלעך צו לויפֿן.
פֿון גרויס גליק
ציטערן אַזש בײַ ביידע
די וואָנצעלעך!
פֿלינקע לאַפּקעלעך
נישטערן
זוכן.
אפֿשר
וועלן זיי
נאָך אָנטאַפּן
אַן ערדניסעלע
אַ גאַנצס!

3

In the bowl by the bed
are my cracked yesses
and your nos
and the opposite.
A yellow bowl of overflowing shells.

Bit by bit
cautious
with nervous ears
two mice run in.
Their whiskers
quivering
with happiness.
Quick little paws
digging through,
searching.
They
may yet
lay hold of
a whole
peanut!

ד

גליק
זאָל מען ניט מעלה־גירהן.

שטעל דיך אַוועק איף דײַן שוועל.
בינד גוט
די שיכבענדלעך צו.

איין שפּאַן
איין אומזין
איין לאַך
פֿון דאָס טאָג־טעגלעכע
ביז דאָס אוממעגלעכע.

כ׳קען מײַן פֿוס ניט הייבן.

4

Don't
chew happiness over twice.

Stand in your doorway.
Tie your
shoelaces tight.

One step
one absurdity
one laugh
from the ordinary
to the impossible.

I can't lift my foot.

ה

כ'וויל אויך
צעשפּרייטן טויזנט־און־איין־אָרעמס
און געבן
אַ צעבלי
אַ צעגלי
אַ צעראָז
אַ צעלאָז
דווקא
אַלעמען אין די אויגן!

ניט פֿרעגן:
ווער דאַרף עס?
ווער וויל עס?
ווער וועט מיר פֿאַרשטיין.

דאָס קענען נאָר ביימער.
דאָס מעגן נאָר זיי.

אָבער –
כ'וויל אויך.

1974־75

5

I want to
spread a thousand and one arms
flower
and give off light
and pink
unbound
and let the crowd behold!

Not ask
What for?
Who cares?
Who'll understand?

Only trees can do it.
Only they're allowed.

But I
also want to.

1974-75

בלויע פֿײַערלעך

בית־אלפא
שפּעט

א

טײַערער טיגערל,
ווען וועסטו ווידער
שפּילעוודיק־ערנסט
אַ שפּרונג טאָן
אויף מײַן ביימעלע זכרונות?
אומדערוואַרטערהייט
אַ פֿיר טאָן מיט דער לאַפּע?
ווייסט דאָך: נאָר דער שאַרפֿער שניט
פֿון דײַנע נעגל
קען פֿאַרמעקן,
קען פֿאַרגלעטן
דאָס ניט־פֿאַרהיילטע –
דאָס ניט־אַרויסגעשריענע
בײַ מיר.

נ.ב.
דײַנע בלויע פֿײַערלעך
האָבן מײַן צעפֿאַטלטקייט
נאָך ערגער גאָר פֿאַרקניפּט.

LITTLE BLUE FLAMES

Bet-Alfa
Late

1

Little Tiger,
will you once again
playing for real
leap into
my memory-tree
and strike
with a sudden sweep of your paw?
Knowing only the sharp rip
of your claw
can wipe away,
smooth away
the things that haven't healed,
things I haven't screamed.

N.B.
Those little blue flames of yours
leave this unkempt mess of mine
more knotted than ever.

ב

הײַנט
בעסער בלײַבן אין בעט.
און די מעגלעכקייטן
שיילן – ווי ערדניסלעך.
דעם שאָלעכץ אויפֿן דיל.
יאָ און ניין.
אַליין.

2

Today
I'd rather stay in bed.
Shelling the possibilities
like peanuts.
The shells on the floor.
The *yes* and the *no*.
By myself.

ג

בײַ דער טיר שוין
האָט אַ בלינדע, פֿלינקע לאַפּע
ווידער מיך אַ ריס געטאָן
ניט נאָר בײַם אַרבל,
ניט נאָר בײַם אַרבל.

3

Right at the door
a quick blind paw
tore at me again,
and not just at my sleeve,
not just at my sleeve.

ד

כ׳וויל
מײַן קאַלט נעזל
צודריקן
צו דײַנע וואַרעמע ריפּן.

4

I want to
press
my cold nose
on your warm ribs.

ה

טיגערל,
דײַנע שטרײַפֿן שוואַרצע
זײַנען די גראַטעס
פֿון מײַן אײנזאַמקײט.

דו מעגסט אַרײַן.
איך קען ניט אַרויס.

5

Tiger,
your black stripes
are the bars
of my isolation.

You're allowed in.
I can't get out.

ו

כ׳רעד נאַרישקייטן.
כ׳ווייס.
און טראַכט דאָך בעת־מעשׂה
פֿון גאָר אַנדערע
נאַרישקייטן.

ווייסט?

6

I'm talking foolishness.
I know.
All the while thinking
of completely different
foolishness.

Do you know?

ז

פֿלינקער ביסטו.
נאָר
טאָמער פֿילסטו זיך מיך פֿאַנגען?

בלײַבסט אָפּט
מיר פֿרעמדער
ווי איך צו זיך.

און שטומער.

7

You're quicker.
Then
are you too lazy to catch me?

Often you're
more alien to me
than I am to myself.

And more silent.

ח

איין ניכטערער בליק
פֿון מײַנע אַרבעטסשיך –
(זיי וואַרטן
אין דער פֿרי
בײַ דער טיר) –
און עס ווערט פֿון יאָ ניין,
פֿון ניין יאָ,
און פֿון דיר, טיגערל –
אַ תּל.

נאָך מיטיק ערשט –
ווען איך קום דיך מינטערן,
טוסטו גאָר פֿון ערגעץ ווו
אויף מיר אַ שפּרונג.
מיר קײַקלען זיך ביידע
אויף אַלע פֿיר.
און הייבן ווידער אָן –
פֿון אָנהייב.

8

One sober glance
from my work-shoes
(they wait
in the morning
at the door)
and *yes* is *no*
no is *yes*
and you, Tiger,
are a mess.

But after dinner –
I come to revive you
and you jump me
from somewhere
and we roll together
on all fours
and begin again –
from the beginning.

ט

איך בין, טיגערל, געקומען צו פֿרי
אָדער
צו שפּעט.

תּמיד.

צו ליבע.
צו טענות.
צו דיר.

טײַערער, צום לעצטן וואָרט,
צום לעצטן שמייכל,
וועל איך זײַן
(סײַ פֿרי, סײַ שפּעט)
אין צײַט.

9

Tiger, I came too early
or
too late.

Always.

To love,
to blame,
to you.

Dear Tiger,
I'll be
(both early and late)
on time
for the last word,
the last smile.

י

דו, טיגערל, וועסט עס
ניט פֿאַרשטיין.
איך וואַרט אויף הונגער.
אַ פֿאַרפֿרוירן מײַזל
אויפֿן זומער.

עס פֿעלט מיר הונגער
צום שפּרונג,
צום העפּט,
צום אַפּעטיט.

ס'האָט זיך מיר געחלומט
מײַן טאַטנס הוסט.
עקשנות.
שרעק.

מיט פֿאַרפֿרוירענע וואָנצעס,
מיט אַן אָפּגעהאַקט עקל,
ווער איך
דערלעבן די היצן –
דאָס וואַרעמע מיסט?

וועט דער זומער מיך דערקענען?

ברענען –
שטיל –
פֿאַרגעסן –

בלויע
פֿײַערלעך
מיך פֿרעסן.

1974

10

You won't
understand this.
I'm waiting for hunger.
A freezing mouse
waiting for summer.

I lack the hunger
for the leap,
the notebook,
the appetite.

I dreamed about
my father's cough.
Stubbornness.
Fear.

With freezing whiskers
and my tail cut off,
will I live to see the heat –
and the warm manure?

Will summer know me?

Burning –
in silence –
forgetting –

Little blue
flames
consume me.

1974

קוקט אים נאָר אָן

קוקט אים נאָר אָן!
ער איז גרייט.
און רויִק.
און זיכער איז ער גערעכט.
טראָגט מען אים טאַקע
אויף די הענט.

אוי דער אַרבוז!
אין זײַן גאַנצקייט,
אין זײַן גרינקייט,
אין זײַן שווערער פֿול –
אָטעמט ער טיף
און חלומט זיס.

אַ משיח.
אַ קרבן.

טראָגט מען אים אויף די הענט –
און עס צעשמייכלען זיך
בײַ אַלעמען די אויגן.

אָט קלאַפּט מען אָן –
שטיל, שטיפֿעריש.

(ווי בײַ אַ חבֿר אין טיר)
מיט איין אײַנגעבויגענעם פֿינגער
אין זײַנע פֿעסטע ריפּן.
וירא כי טוב –
טאָמער פּסקנט מען: ער טויג –
וועט זײַן פֿרײַנד, דער בעסטער,
דער ערשטער אין אים צילן
אַ מעסער.

JUST LOOK AT HIM!

Just look at him!
He's ready
and calm
and sure that he's right,
and so they hold him
in their arms.

Oh the watermelon!
In his wholeness,
in his easiness,
in his heavy fullness
he breathes deep
and dreams sweet.

A messiah.
A victim.

They hold him in their arms,
and all
eyes smile.

Now quietly, playfully
(as at a friend's door)
they knock
at his firm ribs
with one bent finger.
And He saw that it was good –
If their decision is "he'll do" –
his best friend
will be the first
to aim a knife at him.

אוי דער אַרבוז!
רויט זײַן זיס!
זיס זײַן רויט!
זײַן לויב – זײַן לזין
אויף יעדער ליפּ.

Oh the watermelon!
Red his sweetness!
Sweet his redness!
His praise – his payment
on every lip.

איך בעט דיר

א

איך בעט דיר.

לאָז נאָך זיך
אַ ריינעם טיש.

איך שרעק זיך
פֿאַר פֿרעמדע פֿינגער.

די אומאָרדענונג,
די הויפֿנס אָנשטרענג,
זכרונות,
פּלענער.

איך בעט דיר:
אַ ריינעם טיש.
אַניט –
כ׳וועל בלינדערהייט
פֿאַרברענען אַלץ.

I BEG OF YOU

1

I beg of you.

Leave behind
A clean desk.

I'm afraid
of a stranger's fingers.

The disorder.
The heaps of straining effort,
memories,
plans.

I beg of you,
a clean desk
or
I'll blindly
burn it all.

ב

שרעק זיך ניט.
דײַנע אויגן
וועל איך פֿאַרמאַכן.
איך אַליין.
מיט מײַנע ליפּן.

דײַנע אויגן
מיט מײַנע ליפּן.

שאַ.
שאַ. שאַ.
אוי שרעק זיך ניט.

2

Don't be afraid.
I'll close
your eyes.
Myself.
With my lips.

Your eyes
with my lips.

Sha.
Sha. Sha.
Don't be afraid.

ג

בלויז רויט
פּאַסט זיך דאָ.
איך מוז רויט.
דאָס רויט בײַ אונדז
איז אוי ניט רויט גענוג!

וווּ נעמט מען רויט
וואָס איז אין גאַנצן רויט?

איך וויל
נאָר רויט.
און שטיל זאָל זײַן.
שטיל, שטיל.

1975

3

Only red
fits here.
I need red.
Our red's
not red enough.

Where to find red
that's entirely red?

I want
only red.
And let there be silence.
Silence, silence.

1975

וואָס טו איך?

א

וואָס טו איך
ווען איך ווייס ניט
וואָס מע טוט?

איך גיב זיך
מאַלפּעדיק אַ הוידע
פֿון איין פֿרעגצייכן
צו אַ צווייטן.

און בלײַב אַזוי הענגען –
מיאוס,
צעקנייטשט, לעכערלעך –
דיר
און זיך
אַנטקעגן.

WHAT DO I DO?

1

What do I do
when I don't know
what to do?

I swing like a monkey
from one question mark
to another

and hang there –
ugly,
wrinkled,
ridiculous –
facing myself
and you.

ב

גוואַלד
כ׳וועל
באַלד
אַלט.

כ׳וועל מײַן רעקל
ניט פֿאַרקנעפּלען.

כ׳גיי אין גאַס.
כ׳האָב אַ רויט רעקל.
ס׳איז מיר קאַלט.

גוואַלד
כ׳ווער אַלט!

איך האָב דיר ניט געפֿאָלגט.

2

Oh no
I'll
soon
be old

I won't button
my coat

I go out on the street
I have a red coat
I'm cold

Oh no
I'm growing old!

I didn't listen to you.

ג

„גאַר –
אָדער גאָרנישט!“

בלײַב איך אָבער אָפּט
מיט אַ פֿול האַרץ
און ליידיקע הענט.

האָב איך יאָ סײַ גאַר –
סײַ גאָרנישט.

ניכטער: שיכּור.
אָפֿן־אויגיק: בלינד.

3

"All
or nothing!"

But often I'm left
with a full heart
and empty hands.

And so I have both
all *and* nothing.

Sober-drunk.
Openeyed-blind.

ד

הייזעריק –
פֿון שטומען,
פֿון וואַרטן,
פֿון האַלבע ווערטער.

האָב איך זיך סאָוועדיק צעטרילט
אין מיטן העלן טאָג.
אין געדיכטן ווערטערוואַלד
זיך סאָוועדיק צעכליפּעט.

4

Hoarse –
from keeping silent
from waiting
from half-words,

I hooted like an owl
out of the blue,
sobbing like an owl
in the dense wordforest.

ה

איך בין געקומען אַהיים
מיד,
שפּעט.
האָסט קוים
מיט די אויגן עפּעס געפֿרעגט.

מאָרגן
זיכער־אפֿשר־מאָרגן
וועל איך דיר ווײַזן מײַן ליד.

נאָר איצט –
איצט בין איך מיד.

5

I came home
tired,
late.
You barely
asked me something with your eyes.

Tomorrow
surely (perhaps) tomorrow,
I'll show you my poem.

But now –
now I'm tired.

ו

אַ שפּינוועב
פֿאַרזיכטיק פֿאַרצויגן
פֿון שפּיזנשפּיץ צו שפּיזנשפּיץ
בײַם שטערנפֿלאַנץ דעם דאָרן
אין קרוג
בײַ מיר אין צימער.

אַ שפּינוועב
צווישן פֿינגער
בײַם געזעגענען.

שײן
שוואַך
צאַרט
שטאַרק
דײַן שמייכל
דײַן צוזאָג
אַ שפּינוועב

1974-75

6

Spiderweb
carefully cast
from spearpoint to spearpoint
on the starplant thistle
in the jug
in my room.

Spiderweb
between our fingers
when we say good-bye.

Lovely
weak
tender
strong
your smile
your promise
spiderweb.

1974-75

מײַן ווילדע ציג

א

כ'האָב ליב
אַז דו שפּרינגסט פֿון מיר אַוועק.
אַ הײב, אַ שטורצע
מיט די הינטערשטע פֿיס.
אַ שפּרונג און אַ גאַלאָפּ.
און די גאַנצע וועלט
איז אַ גרינע לאָנקע.
אַ בלויער הימל –
דער גאַנצער אמת.
און שײן
און שײן
דאָס װײַסע קעפּל דײַנס
וואָס שאָקלט אויף יאָ
און אַנטלויפֿט אויף ניין.

כ'האָב אַזוי ליב
אַז דו שפּרינגסט פֿון מיר
אַוועק.
איך שטײ בײַם פּלויט
און קוק דיר נאָך
מיט בלומען אין מײַן פֿויסט.
עס יאָגט
אַ וועלט, אַן אין־סופֿיק
גרינע לאָנקע. עס בריקעט
אַן אמת אַ בלויער.

MY WILD SHE-GOAT

1

I love it
when you bound away from me
bucking, kicking
with your hind legs.
Bounding, galloping.
And the whole world
is a green meadow
a blue sky
the whole truth
and beautiful
beautiful
your white head
nodding *Yes!*
as you run off *No!*

I love it so
when you bound
away from me.
I stand by the fence
watching you
with flowers in my fist.
A world
running free
boundless green meadow,
blue truth
kicking,

און איך שטיי
מיט אַן אומעט אין פֿויסט
און האָב נחת –
ווי ס'שפּרינגט מײַן ווילדע ציג
פֿון מיר אַוועק;
ווי ס'שפּרינגט מײַן ווילדע
מיר אַנטקעגן.

and I stand
delighting
with sadness in my fist,
to see my wild she-goat bounding
from me,
my wild one bounding
toward me.

ב

כ׳האָב ליב
אַז דו גיסט זיך
חנעוודיק אַ קער איבער –
אַ צי אויס אויפֿן רוקן –
און אַ גאַלאָפּ מיט אַלע פֿיר
אין דער לופֿטן.
דעמאָלט מעג מײַן האַנט
אַ רײַב, אַ גלעט טאָן
דײַנע ריפּן,
ברוסט.
לאָזסט זיך אַפֿילו שלעפּן בײַם בערדל!

מײַנע פֿינגער מעגן
קנעטן דײַנע אויערן,
אַרײַנגלעטן
אין זיי מײַן סוד.

כ׳האָב ליב,
ווילדע ציג וואָס דו ביסט,
אַז דו גיסט זיך פֿיל אַ צעבאַלעווע
אויפֿן רוקן.

2

I love it
when you
turn over all charm
stretch out on your back
and gallop in the air
with all four.
Then my hand
can rub you, stroke
your ribs,
your breast.
You even let me pull your beard.
My fingers can
knead your ears,
stroke my secret
into them.

I love it
you wild she-goat
when you let yourself laze
on your back.

ג

אין סאָד
ליגן נאָך צעוואָרפֿן
אָפּגעזעגטע צווײַגן.
מיר האָבן ביידע אויפֿגעהויבן,
אָנגעכאַפּט
איין צווײַג אמת.

איך צי,
נאָר דו, ווילדע ציג,
שלעפּסט אַלץ צו זיך!
האָסט מיט פֿיר קאָפּעטעס
זיך אײַנגעגראָבן אין דער ערד.
דײַן רוקן – אַ בויגן.
און שלעפּסט!
וואָס מאָרדעוועסטו זיך אַזוי?
הערסט דען ניט
וואָס מען רעדט צו דיר?
זעסט דאָך –
דער אמת
איז בײַ מיר.

דו ווילדע ציג!

עס גייט דען אין דעם
ווער פֿון אונדז
איז אַ גרעסערער עקשן?

3

Scattered
pruned-away branches
in the orchard.
We both picked up,
seized
the same branch of truth.

I pull.
But you, wild she-goat,
tug everything your way!
All four hooves
dug into the ground
and your back arched.
Tugging! Wild resistance! Why?
Can't you hear what I'm saying?
Clearly
the truth
is with me.

You wild she-goat!

Does it really matter
which of us
is stubborner?

ד

האָסט באַמערקט?
די טעג ווערן קירצער.

כ׳באַוויַיז,
ווי תּמיד,
אַלע וויכטיקע, ניכטערע זינלאָזיקייטן.
ס׳פּאַסירט אָבער
אַז איך פֿאַל ניט אַריַין צו דיר,
מיַיןווילדע.
די טעג ווערן קירצער.

כ׳וועל פֿון זינען אַראָפּ!

4

Have you noticed?
The days are getting shorter.

As always
I manage
the important, sober, senseless things.
And
don't drop in on you,
my wild one.
The days are getting shorter.

I'll go out of my mind!

ה

גערעכט איז זי –
מײַן ווילדע ציג.
מען מוז לאַכן,
מען מוז וויינען,
מען מוז עסן ברויט מיט פּוטער.

גערעכט איז זי.

שרײַבן לידער.
אַ מאָל קינדער אַ קוש טאָן.
אַפֿילו קוקן צו דער לבֿנה
מוז מען.

עס האַלט זיך אַלץ
סײַ־ווי־סײַ
קוים־קוים
אויף אַ שוואַכער סטרונע.

אַ פֿאַרשיווע וועלט.

נאָר גערעכט איז זי –
מײַן ווילדע:
לידער
מוז מען...

1975

5

She's right –
my wild one.
We have to laugh
and cry
and eat bread and butter.

She's right.

Writing poems
kissing children at times
looking at the moon –
have to be done.

It just barely
hangs
by a weak string
anyway.

The crummy world.

But she's right –
my wild one,
poems
have to be...

1975

זיי קומען אָן

זיי קומען אָן.
מיט אַ יונגער חוצפּה,
מיט אַ באַזונדערן חן,
וואַרפֿן זיי זיך אין די אויגן.
מיר זײַנען דאָ!
דערווײַל –
אייניצלנע,
ווײַסינקע,
יוצא־דופֿניקע,
קרײַזלען זיי זיך אַרײַן
און אַרויף.
אַ משל,
ווען דו בעטסט מיך,
בייג איך געהאָרכיק מײַן קאָפּ,
און דײַנע פֿלינקע פֿינגער
ציִען אַרויס,
מיט אַ שמייכל,
אַזאַ ווײַס וואָרזאָגערל.
פֿאַרשטייסטו
וואָס זיי ווילן אייגנטלעך זאָגן?
זייער בשׂורה־טובֿה?

THEY COME

They come.
Young
and charming,
they demand attention.
We're here!
All the while
unique
whitish
exceptions to the rule
they curl in
and up.
At times
when you ask me
I bend my head obedient
and with a smile
your quick fingers
pull out
a little white fortune-teller's saying.
Do you understand
their real intention?
Their good news?

אויף מײַן שרײַבטיש

א

ווידער
אָנקומען צום וואָרט.
ווידער און ווידער
אַוועק אָן לשון.

ווידער
און דערווידער.

ON MY DESK

1

I came
to the word
again.
Again and again
went away
wordless.

Again and again
ad nauseum.

ב

אַ פֿרעכע פֿליג
קערט איבער וועלטן –
איך אַ סלויעלע בלומען,
דעם קאַלענדאַר
און אַ בערגל ניט־געעפֿנטע בריוו –
איידער לאָזן זיך פֿאַנגען!
עס ציט איר אַהער דער זונפֿלעק
פֿון פֿענצטער.

אַ בלייכע שורה
ליגט דאָרט צוויי טעג שוין.
איר גייט גאָרניט אָן –
צי איך שלעפּ די אַהער,
צי איך שטופּ זי אַהין...
זי לאָזט זיך, כּלומרשט.
קען איך טאַקע
מיט איר גאָרניט מאַכן.
און די פֿליג לאָזט ניט אָפּ.

איין פֿליאַסק זיי ביידן!
און פֿון דער פֿליג –
אַ רויטער סימן
אינעם פֿלעק זון
אויף מײַן שרײַבטיש –
וווּ די שורה
ליגט זיך ווײַטער
בלייך פּאַסיוו.

מיר בענקט זיך שוין
נאָך דער פֿרעכער פֿליג.

2

A maddening fly
stirs up heaven and earth –
including a jar of flowers,
the calendar
and a pile of unopened letters –
rather than be caught,
drawn here by the streak of sunlight
from the window.

One pale line of verse
has been lying here for two days
unconcerned
whether I pull it here
or push it there –
it lets me, or appears to.
I can't do
anything with it.
And the fly
won't let up.

One slap at both!
And the fly becomes
a red mark
in a streak of sun
on my desk
where the line of verse
still lies
pale and passive.

Now I long
for the maddening fly.

ג

זי גרילצט
נאָר
זי
פּלאַצט ניט
די סטרונע.

זי שווײַגט גאָר.

זי קליידט זיך
משונה.
גרייט זיך
און וואַרט.

אומזין.
ס׳גרילצן
טרערן.
שטאַמלען
ניט צו דער זאַך.

נאָר
זי
פּלאַצט ניט
פּלאַצט ניט
די סטרונע.

1979

3

The fiddle-string
screeches
but
doesn't snap.

It's silent.

It clothes itself
strangely.
Prepares
and waits.

Senseless.
Screeching
tears.
Pointless stammering.

But the string
doesn't snap
doesn't snap.

1979